VENTE DU VENDREDI 18 DÉCEMBRE 1896

HOTEL DROUOT SALLE N° 8

à 2 heures 1/2 précises

AQUARELLES

PAR

BOUSSATON

VOYAGES EN

ALGÉRIE, ITALIE, FRANCE, ANGLETERRE, BELGIQUE
ET HOLLANDE

TABLEAUX & AQUARELLES

PAR

E. Adam, J.-L. Brown, Daubigny, Decamps
Français, Th. Frère, Ch. Jacque, L. Leloir, M. Leloir
Ad. Moreau, Sisley, Troyon, Worms, etc.

EXPOSITION PUBLIQUE

LE JEUDI 17 DÉCEMBRE 1896

DE 1 HEURE 1/2 A 5 HEURES 1/2

COMMISSAIRE-PRISEUR	EXPERTS
Me LEON TUAL	**MM. FÉRAL Père & Fils**
56, rue de la Victoire, 56	54, Faubourg-Montmartre, 54

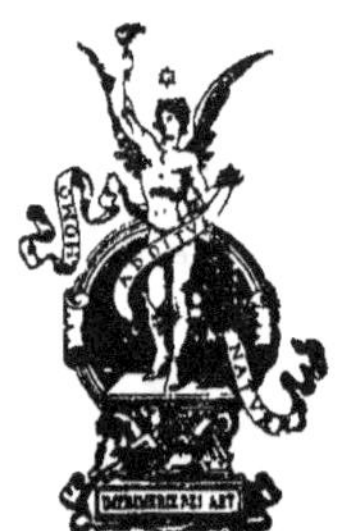

CATALOGUE

DES

AQUARELLES

PAR

BOUSSATON

VOYAGES EN

Algérie, Italie, France, Angleterre
Belgique et Hollande

ET DES

TABLEAUX ET AQUARELLES

PAR

E. Adam, J.-L. Brown, Daubigny, Decamps
Français, Th. Frère, Ch. Jacque, L. Leloir, M. Leloir
Ad. Moreau, Sisley, Troyon, Worms, etc.

DONT LA VENTE AURA LIEU

HOTEL DROUOT, SALLE N° 8

Le Vendredi 13 Décembre 1896

à 2 heures 1/2 précises

COMMISSAIRE-PRISEUR	EXPERTS
Me LÉON TUAL	**MM. FÉRAL Père & Fils**
56, rue de la Victoire, 56	54, Faubourg-Montmartre, 54

EXPOSITION PUBLIQUE

Le Jeudi 17 Décembre 1896, de 1 heure 1/2 à 5 heures 1/2

CONDITIONS DE LA VENTE

Elle sera faite *expressément* au comptant.

Les Acquéreurs payeront CINQ POUR CENT en sus des adjudications.

Paris. — Imp. de l'Art, E. Moreau et Cie, 41, rue de la Victoire.

DÉSIGNATION

AQUARELLES PAR BOUSSATON

1 — **Touggourt** : L'École communale, côté N.

2 — **Touggourt** : L'École communale, côté S.

3 — **Touggourt** : Le Cimetière catholique.

4 — **Touggourt** : La Place du Marché.

5 — **Foughala** : Le Bordj du régisseur.

6 — **El-Amri** : Le Marabout de Si El Gomari.

7 — **Biskra** : Le Fontaine sulfureuse.

8 — **Biskra** : Mairie et hôtel du Sahara.

9 — **Biskra** : Le Fondouk d'Ohamed Serir.

10 — **Biskra** : Le Four à plâtre.

11 — **Biskra** : La Mosquée de Si Lassen.

12 — **Biskra** : Ruelle à M' Cid.

13 — **Bône** : Le Port.

14 — **Alger** : La Rue Bugeaud.

15 — **Bougie** : Le Fort Charles-Quint.

16 — **Gênes** : Le Port.

17 — **Milan** : L'Église San Carlo.

18 — **Florence** : San Donato; les Serres.

19 — **Marseille** : La Canebière.

20 — **Saint-Cassien** : Le Temple de l'Amour.

21 — **La Turbie** : Le Chemin de fer.

22 — **Monaco** : La Pointe du rocher.

23 — **Monte Carlo** : Le Casino.

24 — **Monte Carlo** : Le Tir aux pigeons, au fond Monaco.

25 — **Monte Carlo** : Le Tir aux pigeons, au fond le Cap Martin.

26 — **Monte Carlo** : Aux Bas moulins.

27 — **Monte Carlo** : La Poulido.

28 — **Monte Carlo** : Monte Carlo Hôtel.

29 — **Monte Carlo** : Vue de la Corse.

30 — **Monte Carlo** : Le Chemin de fer, au fond
Monaco.

31 — **Roquebrune** : Varavilla, la corniche.

32 — **Beaulieu** : Le Restaurant de la réserve.

33 — **Aix-les-Bains** : La Porte romaine.

34 — **Autecombe** : Le Monastère.

35 — **Autecombe** : Le Port.

36 — **Le Bourget** : Le Port.

37 — **Schaffouse** : La Chûte du Rhin.

38 — **Schaffouse** : La Chambre obscure.

39 — **Saint-Prey** : La Station.

40 — **Fribourg** : Le Gotteron.

41 — **Genève** : Le Pont des Bergues.

42 — **Étretat** : Le Sémaphore.

43 — **Étretat** : L'Hôtel Blanquet.

44 — **Trouville** : La Jetée.

45 — **Granville** : L'Église.

46 — **Royat** : Au Fond Clermont.

47 — **Royat** : Le Couvent.

48 — **Fécamp** : Une Villa.

49 — **Fécamp** : La Plage.

50 — **La Malmaison** : Le Temple d'Apollon.

51 — **Marly** : La Machine.

52 — **Bougival** : Le Pont.

53 — **Chaville** : Maison du garde.

54 — **Le Vésinet** : La Pompe à feu.

55 — **Nemours** : Vue générale.

56 — **Calais** : Vue d'ensemble.

57 — **Folkestone** : Le Jardin Concert.

58 — **Londres** : Wesbourne Terrace.

59 — **Londres** : Regent Park.

60 — **La Haye** : Hôtel Bellevue.

61 — **Blankenberghe** : La Jetée.

62 — **Blankenberghe** : L'Écluse.

63 — **Amsterdam** : Le Sémaphore.

64 — **Pils (D'après)** : La Caserne du quai d'Orsay.

TABLEAUX, AQUARELLES, DESSINS
PAR DIVERS

---

65 — **Adam (Emile).** La Pauvre mère. (Aquarelle, signée.)

66 — **Beauchat.** Fleurs. Deux pendants. (Aquarelles.)

· 67 — **Beauchat.** Le Banc du jardinier.

68 — **Berton (P. E.).** Bords de rivière.

69 — **Berton (P. E.).** Le Sentier. (Fusain.)

70 — **Billemont (De).** Tête de jeune fille. (Pastel.)

71 — **Bombled.** Artilleurs à leurs pièces. (Aquarelle gouachée, signée.)

72 — **Brascassat.** Coupe de bois. (Sépia rehaussée de blanc.)

73 — **Brown** (**J. L.**). Rencontre de cavaliers.

74 — **Brown** (**J. L.**). Cavalier en costume de chasse. (Aquarelle.)

75 — **Curzon** (**A. de**). Le Désert. (Dessin au crayon noir signé.)

76 — **Daubigny** (**Ch.**). Cerf à l'abreuvoir; forêt de Fontainebleau. (Mine de plomb, signée.)

77 — **Daubigny** (**Ch.**). Saint Gérôme en prière.

78 — **Dawant**. Tête de marin. (Dessin.)

79 — **Decamps**. Turc fumant son narguilé. (Crayon noir rehaussé de blanc. Signé en toutes lettres.)

80 — **Decamps**. Marin sur le port.

81 — **Decamps**. Une Mendiante. (Fusain et estampe, signé du monogramme.)

82 — **Decamps**. Chiens courants. (Mine de plomb, signé du monogramme.)

83 — **Desbrosses** (L.). A l'Abreuvoir.

84 — **Dupray.** Cavalier. (Lavis.)

85 — **Français.** Etude de femme.

86 — **Frère** (Th.). Bords du Nil.

87 — **Giacomelli.** Mésange et rouge-gorge près de leur nid. (Aquarelle, signée.)

88 — **Giacomelli.** Jeunes fauvettes avec leur nid. (Aquarelle, signée.)

89 — **Grimelund.** Les Bords d'un lac. (Dessin à la plume, signé.)

90 — **Jacque** (Ch). Bergère. (Dessin.)

91 — **Kaplan.** Tête de jeune fille.

92 — **Lalanne** (**Maxime**). Paysage rocheux. (Dessin au fusain, signé.)

93 — **Legros.** Les fours à plâtre. (Fusain signé.)

94 — **Leloir** (**Louis**). Le Misanthrope. (Plume et encre de Chine pour illustrer une édition de Molière.)

95 — **Leloir (Maurice.)** Le café en plein air. (Aquarelle pour illustrer une édition de J. J. Rousseau.)

96 — **Marcette (A.).** Sous bois. Effet de neige. (Aquarelle.)

97 — **Moreau (Adrien).** Sur la place Saint-Marc, à Venise. (Aquarelle signée.)

98 — **Palizzi.** Étude de moutons.

99 — **Pils.** Enfant kabyle. (Crayon noir rehaussé de blanc. Signé et daté 1851.)

100 — **Pollet.** Jeune fille blonde. (Aquarelle signée.)

101 — **Rousseau (Th.).** Dessin à la plume.

102 — **Sisley.** L'inondation.

103 — **Troyon (C.).** Le ravin. (Aquarelle gouachée, signée en toutes lettres.)

104 — **Worms (J.).** Femme du temps de l'Empire.

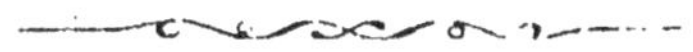